SUCCESSION

ADALBERT DE BEAUMONT

IMPRIMÉ PAR PILLET ET DUMOULIN

RUE DES GRANDS-AUGUSTINS, 5, A PARIS.

CATALOGUE

D'AQUARELLES

ET DESSINS

CATALOGUE

DES

AQUARELLES ET DESSINS

PAR FEU

ADALBERT DE BEAUMONT

FAIENCES

COSTUMES, BRONZES ET OBJETS DIVERS

DONT LA VENTE AURA LIEU

Les 2 et 3 Juin **1882**, à 2 heures de relevée

HOTEL DROUOT, SALLE N° 9

Par le ministère de Me PAUL GÉRARD, COMMISSAIRE-PRISEUR
Rue La Bruyère, 3 bis.

EXPERTS

M. CHARLES GEORGE	M.. HENRI DEVYNCK
12, rue Laffitte.	24, rue de Navarin.

Chez lesquels se trouve le présent Catalogue.

EXPOSITION PUBLIQUE : Le Jeudi 1er Juin 1882
De 1 heure à 6 heures.

CONDITIONS DE LA VENTE

Elle sera faite au comptant.

Les adjudicataires payerons *cinq pour cent* en sus des enchères.

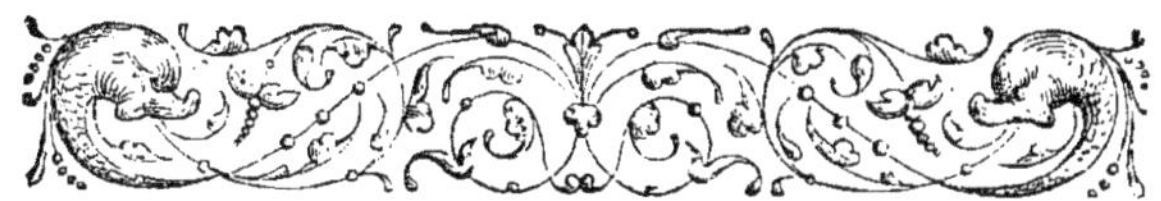

ADALBERT DE BEAUMONT, *né en 1810, fils du gé_
néral comte de Beaumont, pair de France,
fut dès sa jeunesse passionné pour les voya-
ges et l'étude des beaux-arts dans les pays étrangers.*

*Son nom et la distinction de sa personne lui ouvri-
rent toutes les portes.*

*D'un esprit très observateur et très cultivé, d'un
tempérament d'artiste peu commun, surtout à cette
époque, il sut conquérir l'estime et même l'amitié de plusieurs monarques qui se firent un devoir de favoriser
ses recherches et de protéger ses travaux.*

*Doué d'une grande facilité d'exécution, dessinateur
très habile, il put en un temps relativement court recueillir
une série considérable d'études et quelquefois de dessins
très finis qu'il exécuta à l'aquarelle avec une correction
si scrupuleuse et une puissance de coloris si remarquable qu'on peut le placer sans hésiter, au rang des maîtres.*

*Il se dirigea d'abord vers le nord de l'Europe, at-
tiré par les sites sauvages et pittoresques de la Scandinavie et du pôle Nord; et, ne reculant devant aucun
obstacle, il y passa des mois entiers cherchant à sur-
prendre à leur apparition les phénomènes grandioses de*

ces contrées pour ainsi dire inhabitées dont l'exploration nous a tant passionnés depuis.

C'est ainsi qu'il rapporta de la Suède, de la Norvège, du pôle nord et de la Laponie une série d'études qui sont autant de tableaux pris sur le vif et d'un attrait saisissant.

Plus tard, en Italie et en Orient, où sa réputation l'avait déjà précédé, il fut accueilli à bras ouverts et put continuer à produire avec une fécondité vraiment rare une quantité d'aquarelles, copies absolument exactes de la nature, rendues avec cette aisance et ce brio qui caractérisent son talent.

En Orient, où il vécut plusieurs années, il ne se contenta pas de s'arrêter devant les spectacles merveilleux que la nature offrait à ses yeux, il se livra à une étude approfondie de chefs-d'œuvre de l'art monumental et décoratif.

Il recueillit ainsi de précieux documents qu'il utilisa par la suite et rapporta en France les secrets de cette céramique si riche et si variée qui fait aujourd'hui notre admiration.

A son retour en France, il voulut mettre à profit ses travaux et fonda avec son ami et collaborateur M. Collinot, le céramiste bien connu, une fabrique d'objets de céramique persane et turque qui ne tarda pas à prendre la première place parmi les établissements de ce genre.

C'est à cette époque qu'Adalbert de Beaumont, désireux d'initier le public à ses savantes observations, commença la publication d'un recueil de dessins pour l'art et l'industrie, ouvrage fort apprécié, et devint un des collaborateurs les plus estimés des journaux scientifiques et illustrés de ce temps, et notamment de la Revue des Deux-Mondes, *de* l'Illustration *et du* Voyage autour du monde, *dans lequel plusieurs de ses remarquables aquarelles furent reproduites en gravure par des artistes distingués.*

La notoriété qu'il s'était ainsi acquise lui valut d'être à plusieurs reprises membre des jurys d'exposition.

Lorsqu'il mourut, M. de Beaumont légua sa collection entière à M. Collinot, son ami, et le continuateur de son œuvre.

C'est cette collection que nous présentons aujourd'hui au public, telle qu'elle est sortie des mains de l'artiste.

Cette œuvre, qui résume toute la vie, tous les efforts et tous les succès d'un homme justement célèbre, n'offre pas seulement un puissant attrait à toute personne éprise des productions artistiques, mais elle contient de précieux enseignements pour le peintre, l'architecte, le céramiste, en un mot, pour quiconque vit pour ou par l'art, dans quelque forme que ce soit.

AQUARELLES

ET DESSINS

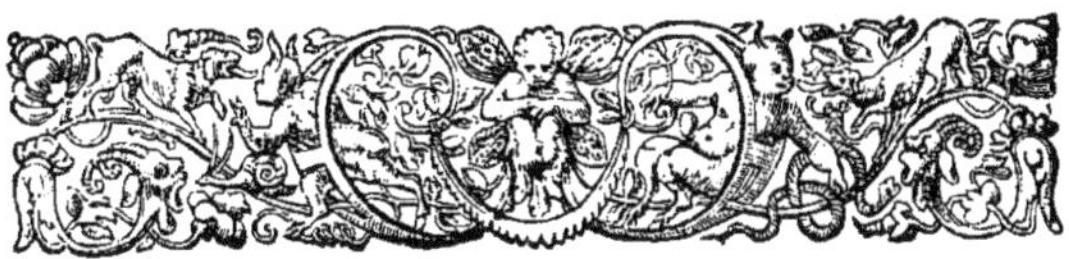

DÉSIGNATION

---

1 — Vue de la mer de Norvège dans le golfe d'Urland.

Environs de Bergen.

Très belle interprétation d'un des plus beaux sites de la Norvège.

L'artiste y révèle dans une note douce et vaporeuse les qualités les plus séduisantes de son talent.

2 — L'Hôtel de Ville d'Utrecht.

Hollande.

Magnifique aquarelle saisissante de vérité.

3 — Résidence d'Hussein Pacha sur le Bosphore.

Août 1844.

Ce palais, un des plus beaux de cette époque, est reproduit avec la plus scrupuleuse exactitude.

Cette page est un souvenir précieux d'un monument qui n'existe plus aujourd'hui.

4 — Même monument ; vue prise d'un autre point.

Août 1844.

5 — Sur le Nil.

1843.

L'artiste a su rendre avec une étonnante vérité le tableau de cette nature si luxuriante.

Pièce très remarquable de son œuvre.

6 — Intérieur d'une mosquée où est le tombeau de Validé-Sultane.

Constantinople 1840.

7 — *Vue du Bosphore et de Constantinople.*

Prise du kiosque du Kandili.

Au fond, à gauche, les îles des Princes ; à droite, le coin
du sérail et Constantinople. A gauche, au premier plan, la
Turquie d'Asie (Scutari).

Très jolie aquarelle saisissante de vérité.

8 — *Le Marché aux Esclaves.*

Alexandrie 1842.

Très fidèle interprétation des usages et coutumes de
cette époque.

9 — *Fontaine du Sérail à Constantinople.*

Reproduction très fidèle d'un des monuments les plus
riches de décoration vers l'année 1840 et aujourd'hui en
ruines.

10 — *Halte auprès d'une mosquée.*

Egypte 1842.

Très jolie aquarelle très juste de dessin et de ton.

11 — Atrio du palais Foscari.

A Venise.

En face est le palais Mocenigo habité par lord Byron.

12 — Une maison de pêcheurs sur le Bosphore.

1844.

Au fond, la côte d'Europe.

13 — Intérieur d'une cour au quartier arabe.

Caire 1842.

14 — Palais d'Ahmed Bey.

Trébizonde, juillet 1843.

15 — Intérieur d'une maison turque.

1840.

16 — Vue d'une rue au Caire.

1844.

17 — Les Tombeaux des Khalifes, au Caire.

1842.

18 — Intérieur d'une mosquée.

Le Caire, 1842.

19 — Vue de la Côte d'Asie.

Prise des fortifications de Constantinople.

20 — Vue du Château d'Europe, Roumélic Issar.

Bosphore, septembre 1845.

21 — Le Pont des Soupirs.

Venise, 1845.

22 — Les Tombeaux des Khalifes. El-Eddui.

Désert du Mokatan.
Caire.

23 — *En Touraine.*

24 — *Une rue au Caire.*

1844.

25 — *Hôtellerie du Paradis.*

Italie, 1842.

26 — *A Venise.*

27 —· *En Touraine.*

28 — *Vue d'une habitation.*

Au Caire, 1844.

29 — *Corte del Teatro.*

Venise, 1836.

30 — *Cour d'une maison à Venise.*

31 Vue de Masoë.

Route de Cammerfest au cap Nord.
1836.

32 — Chute d'eau dans les Alpes scandi-
naves.

1836.

33 — Deux paysages norvégiens.

1836.

34 — Vue du Château de Frederiksborg,
Danemark.

Château royal de Gripsholn.

Juin, 1836.

35 — Place du Palais-de-Justice, à Cologne.

Avril, 1836.

36 — Le Petit canal à Rotterdam.
1835.

37 — *La Vallée de Lauterbrumen.*

Septembre, 1835.

38 — *La Tour de Cologne.*

Bords du Rhin, 1836.

39 — *Deux paysages de Norvège.*

Septembre, 1836.

40 — *Paysage.*

Août 1836.

41 — *Les Tombeaux des héros scandinaves.*

Un golfe en Norvège. 1836.

42 — *Mnonio-Nisko.*

Laponie, 1836.

43 — *En Norvège.*

44 — Sur les bords de la mer Glaciale.

1836.

45 — La Maison d'Ornas.

Dalécarlie, juin 1836.

L'Église Saint-Jacques.

Liège, avril 1836.

46 — Effet de nuit sur la mer Glaciale.
Vue des Alpes Scandinaves.

Juillet 1836.

47 — L'Entrée des grottes d'Adelsberg en
Illyrie.

Vue de la place Saint-Dominique et des tombeaux
de l'inquisiteur Orlandini et de son secrétaire, à
Bologne.

Août et juillet 1835.

48 — La Place des Tours à Boulogne.

La Place du Mollard.

Genève, juillet et septembre 1835.

49 — Les Murs du Sérail à Constantinople.

Août 1844.

50 — De l'Intérieur d'une mosquée à Brousse.

Asie-Mineure, juillet 1844.

51 — La Mosquée d'Emir Sultan, à Brousse.

Asie-Mineure, juin 1844.

52 — Vue d'un quartier de Constantinople.
Sur le Bosphore.

Juillet 1844.

53 — Maison turque près du cimetière.

Constantinople, septembre 1844.

54 — La Ville de Brousse et le mont Olympe.

Asie-Mineure, juin 1844.

55 — *La Ville et le Golfe de Nicomédie.*

Asie-Mineure, septembre 1844.

56 — *Fontaine du Sultan Hamid et de son fils Mustapha près de la Mosquée Validè.*

Constantinople, mai 1843.

57 — *Porte de la mosquée Neuve.*

Constantinople, août 1844.

58 — *Intérieur de Mosquée.*

Au Caire, 1844.

59 — *Scala antica à Venise.*

1842.

60 — *Le Tombeau des Khalifes.*

61 — *Palais Vendredini.*

Résidence de la duchesse de Berri à Venise.

62 — *Intérieur du tombeau de Validé Sultan.*

Scutari, 1844.

63 — *Rue entre la Mosquée de Sélim et celle de Mohamed.*

Constantinople, juillet 1843.

64 — *La Quarantaine.*

Trébizonde, 1843.

65 — *Le Port de Trébizonde.*

Juillet 1843.

66 — *Cimetière persan.*

Juillet 1843.

67 — *Tatar Djamissi, mosquée de Tatars.*

Trébizonde, 1843.

68 — *Voiture des Harems*.

Constantinople, 1840.
Spécimen curieux dont le type n'existe plus aujour-
d'hui.

69 — *Portique de la Mosquée de Nicée*.

Asie mineure, juin 1844.

70 — *Une place*.

Constantinople, 1845.

71 — *Types, costumes et paysage d'Orient*.

1845.

72 — *Types et costumes*.

Le Caire, 1845.

73 — *Types et costumes d'Orient*.

74 — *En Égypte*.

Août 1845.

75 — *Vue du Bosphore.*

Août 1843.

76 — *Types et costumes.*

77 — *Environs de Constantinople.*

Août 1843.

78 — *Sainte Sophie.*

Trébizonde, juillet 1843.

79 — *Un quartier de Constantinople.*

Août 1843.

80 — *Vue sur le Bosphore.*

Juin 1844.

. 81 — *Un Bazar.*

Constantinople, 1844.

82 — *Une rue à Constantinople.*

1844.

83 — *Intérieur d'un bazar.*

Constantinople, 1844.

84 — *Une place à Constantinople.*

1844.

85 — *Le Détroit des Dardanelles.*

1844.

86 — *Vue sur le Bosphore.*

1844.

87 — *Paysage d'Égypte.*

1845.

88 — *Paysage d'Egypte.*

1845.

89 — *Intérieur d'une mosquée.*

90 — Café et rue à Trébizonde.
Août 1845.

91 — Quatre vues sur la mer Noire.
Environs de Trébizonde, août 1845.

92 — Les Forges de Kengis.

Une Laponne et sa renne.

Pays de Karajouando.
Juillet 1836.

93 — Cataractes dans les Alpes scandinaves.
1836.

94 — Étude de Chameaux.
Le Caire, 1844.

95 — Types et costumes.
Juin 1844.

96 — Entrée de la mine de Fahlum.

Juin 1836.

Le pendant.

*97 — Extérieur de la Cathédrale de Trou-
dheym.*

Août 1837.

98 — Golfe de Kafjorden.

Août 1836.

Types et costumes.

99 — Le Golfe et la vallée de Wista.

Golfe de Bothnie, août 1836.

Chute d'eau.

Août 1836.

100 — Types et costumes.

Berghem, 1836.

101 — Types et costumes. Dalécarlie.
1836.

102 — Types et costumes scandinaves.
1836.

103 — Vue du pont d'Elfkarleby.

Vue d'une habitation dans l'île d'Avoë où logea Louis-Philippe, près du cap Nord.

Juillet 1838.

104 — Vue de la place des Gibets.
Vue sur la mer Glaciale, les rochers de Lyngen, Juillet 1836.

105 — Vue de Batstad. Relais de Hamm.

Vue de Mora.

Norvège, 1836.

106 — Lapon en hiver.
Gol de Lapa, juin 1836.

Golfe de Bothnie.

Août 1836.

107 — Au pôle Nord.

Juillet 1836.

108 — Chute d'eau.

Octobre 1836.

Vue du cap Nord au soleil de minuit.

24 juillet 1836.

109 — Types et costumes de la Scandinavie.

Septembre 1836.

110 — Vue prise sur le lac, au Caire.

1845.

111 — Tombeau de Suleiman-Pacha.

Constantinople, 1843.

112 — *Un café au bord du Bosphore.*

Août 1843.

113 — *Une Vue à Venise.*

1843.

114 — *Un Café au bord de la mer.*

Nicomédie, septembre 1844.

115 — *Vue prise au Caire.*

Avril 1844.

116 — *Vue sur le grand canal.*

Venise, 1842.

117 — *Cour du Palazzo Vecchio. Florence.*

Juillet 1845.

118 — *Vue de la tour Saint-Laurent.*

Rotterdam, avril 1836.

119 — *Le Canal près Santa Maria Famosa,
à Papadopoli.*

Venise, 1845.

120 — *Les Murs du Sérail.*

Constantinople, août 1844.

121 — *Les Murs du Sérail.*

Constantinople, août 1844.

122 — *La Tour de la Fille, côté de Scutari.*

Constantinople, 1844.

123 — *Vue prise sur le Bosphore vis-à-vis
les murs du sérail.*

Juillet 1844.

124 — *Vue prise sur la Néva.*

1837.

3

125 — Vue prise dans les mers du Nord.

1836.

126 — Vue prise en Norvège.

1836.

127 — Vue en Danemark.

1837.

128 — Une rue au Caire.

Juillet 1844.

129 — Vue sur la mer de Norvège.

1836.

130 — Une Maison à Trébizonde.

Asie mineure, juillet 1843.

131 — Vue sur la mer de Norvège.

1836.

132 — Vue à Rotterdam.

1836.

133 — La Place Saint-Marc.

Venise, 1842.

134 — Les Derviches tourneurs.

Constantinople, 1844.

135 — Sur le grand canal.

Venise, 1842.

136 — Salle d'attente des ambassadeurs au palais ducal.

Venise, 1835.

137 — Le Pont des Soupirs.

Venise, août 1835.

138 — Vue de la Cour du palais ducal.

Août 1835.

*139 — Le Pont sur le bassin de la Misé-
ricorde.*

Venise, 1842.

*140 — Habitation de pêcheurs sur le Bos-
phore.*

1844.

141 — Une rue à Constantinople.

1844.

142 — Le Torrent.

Alpes scandinaves, 1836.

143 — Vue en Danemark.

1837.

144 — Soleil de minuit au pôle Nord.

1836.

145 — Le Port de Constantinople.

1844.

146 — Sur le grand canal.

Venise, 1842.

147 — Une habitation de pêcheurs sur le Bosphore.

Septembre 1844.

148 — Porte d'entrée du palais ducal.

Venise, 1843.

149 — Vieux quartier à Caen.

1833.

150 — Hôtel Bourgtheroulde.

Rouen, 1833.

151 — Une maison grecque.

Environs de Constantinople.

152 — Vue prise du golfe d'Urland.

Mer de Norvège.

153 — Vue sur le grand Canal.

Venise, 1845.

154 — Vue du grand Canal prise du palais Ricci.

Venise, juin 1842.

155 — Vue du golfe et de la plaine Kabak Meydan, route de Sainte-Sophie.

Trébizonde, juillet 1843.

156 — Porte de la cour du palais ducal.

Venise, 1841.

157 — *Vue de la place de la grande Mosquée,
à Trébizonde.*

Asie mineure, 1844.

158 — *Palier du deuxième étage du palais
Doria.*

Venise, 1842.

159 — *Deuxième étage du palais Doria.*

Venise, 1843.

160 — *Une boutique de Bakal, ou épicier,*

Constantinople, 1844.

161 — *Une rue au Caire.*

1844.

162 — *Le Tombeau des héros scandinaves.*

1836.

163 — *Cour d'une maison au quartier arabe.*

Le Caire, mars 1844.

164 — *Vue prise dans les jardins du Sérail.*

Constantinople, août 1844.

165 — *La Barque du sultan.*

Constantinople, octobre 1844.

166 — *Intérieur de l'église Sainte-Marie-des-Miracles.*

Venise, 1842.

167 — *Vue d'un Palais.*

Venise, 1842.

168 — *Sur le grand Canal.*

Venise, 1842.

169 — *Entrée et façade d'une petite mosquée.*

Le Caire, 1843.

170 — *Campo della Magdalena.*

Venise, octobre 1842.

171 — Une fontaine à Trébizonde.

Asie mineure, juillet 1843.

172 — Une vue aux environs de Venise.

1842.

173 — La Scala antica.

Venise, octobre 1842.

174 — Mosquée où sont les tombeaux des Khalifes

Caire, janvier 1844.

175 — Fontaine près de la mosquée de Validé Sultane.

Scutari, 1843.

176 — Intérieur de Palais.

Venise, 1842.

177 — Vue de l'église Sainte-Marie-des-Miracles.

Venise, septembre 1842.

178 — Vue du pont du Rialto.

Venise, août 1835.

179 — Vue du vieux Pont, à Florence.

1835.

180 — Café au bord du Bosphore.

Septembre 1844.

181 — Porte d'une mosquée à Brousse.

Asie mineure, mai.1844.

182 -- Place de Bellune.

Octobre 1842.

183 — Vue à Venise.

Juillet 1842.

184 — Une vue à Venise.

Juillet 1842.

185 — Vue à Hambourg.

1837.

186 — La Fontaine à Galata.

Constantinople, 1843.

187 — Porte d'une mosquée.

Le Caire, 1843.

188 — Vue du golfe de Nicomédie.

Prise du Champ-des-Morts, 1844.

189 — Un Café sur le golfe de Nicomédie.

Septembre 1844.

190 — Vue à Venise.

Septembre 1842.

191 — Vue prise du Champ-des-Morts.

Constantinople, août 1844.

192 — Palazzo Vecchio sur la place della Signoria.

Florence, juillet 1835.

193 — Vue du Champ des Morts.

Constantinople, 1844.

*194 — Sous ce numéro, un grand nombre d'a-
quarelles et de dessins à la plume ou au
crayon.*

195 — Vue en Norvège.

196 — Soleil de minuit au pôle Nord.

197 — Vue sur le grand Canal, à Venise.

198 — Allée de la fontaine, au Caire.

199 — Intérieur de l'église de Chartres.

*200 — Vue de l'antique abbaye de l'Amand,
à Rouen.*

1833.

201 — Un Pont suspendu.

202 — Chameau dévoré par un loup.

203 — *Intérieur d'une maison, à Venise.*
1842.

204 — *Vue d'une vallée dans les Alpes scandinaves.*

205 — *Vue d'un golfe dans les Alpes scandinaves.*

206 — *Soleil de minuit au pôle Nord.*

207 — *Rocher dans la mer Glaciale.*

208 — *Coucher du soleil sur la mer Glaciale.*

209 — *Vue sur les côtes de la mer Glaciale.*

210 — *Place publique à Stockholm.*

211 — *Un Torrent dans la mer de Norvège.*

212 — *Archipel de la Baltique.*

213 — **Le point extrême du cap Nord.**

214 — *Un Torrent dans les Alpes scandinaves.*

215 — *Vue d'une tour de l'Arsenal, à Venise.*

216 — *Vue en Norvège.*

217 — *Vue en Laponie.*

218 — *La ville de Gottembourg.*

219 — *Vue dans les Alpes scandinaves.*

220 — *L'Église de Stad.*

221 — *Sortie de Herfen.*

222 — *Passage de glaces dans le lac Kilpis
(Laponie).*
1836.

223 — *Route de Pillfjeld.*

224 — *Torrent dans les Alpes scandinaves.*

225 — *Coucher du soleil dans la mer Glaciale.*

226 — *Vue prise en Laponie.*

227 — *Une Hutte de Lapons.*

228 — *Vue sur le grand Canal, à Venise.*

229 — *Soleil de minuit au pôle Nord.*

230 — *Route de Berghem.*

231 — *Vue sur le grand Canal, à Venise.*

232 — *Vue du soleil de minuit, extrémité de
la Laponie.*

233 — *Vue d'une ville en Norvège.*

234 — *Golfe de Finlande.*

235 — *Un cours d'Eau dans les Alpes scandinaves.*

236 — *Rochers dans la mer Glaciale.*

237 — *Vue d'un golfe près Youngfoss.*

238 — *Chute d'Eau dans les Alpes scandinaves.*

239 — *Torrent près de Frondhyem.*

240 — *Une route et un cours d'eau près de Frondhyem.*

241 — *Les Gibets de Stockholm.*

242 — *Coucher du soleil près Stockholm.*

243 — *Études de Chameaux.*

244 — *Une rue au Caire.*

245 — *Vue de la mer. Norvège.*

246 — *Vue sur la mer Glaciale, à minuit.*

247 — *Une Vallée près de Berghem.*

248 — *Vue sur la mer Glaciale.*

249 — *Vue d'un château aux environs de Berghem.*

250 — *Vue prise dans les Alpes scandinaves.*
Sous ce numéro, quatre dessins au crayon.

251 — *Vue prise sur la Néva.*

252 — *Église et village en Laponie.*

253 — *Golfe de Bothnie.*

254 — *Chute d'eau dans les montagnes.*

255 — *Vue de l'église des Templiers.*

256 — *Abbaye de Saint-Servin dans la vallée d'Argelès.*

257 — *Vue du Château de Sedières.*

258 — *Intérieur de cour.*
Quartier arabe, au Caire.

259 — *Les Bords d'un lac, au Caire.*

260 — *La Barque du Sultan.*

261 — *Vue de Stockholm.*

4

262 — *Coucher de soleil aux environs de Stockholm.*

263 — *Un Canal à Copenhague.*

264 — *Pont sur un torrent dans les Alpes scandinaves.*

265 — *Vue dans le golfe de Bothnie.*

266 — *Chute d'eau dans le golfe de Bothnie.*

267 — *Intérieur d'une cour au quartier français, au Caire.*

268 — *Une Revue à Constantinople.*

269 — *Vue de Moscou.*

270 — *Église de l'Assomption à Moscou.*

271 — *Intérieur de l'Église de l'Assomption à Moscou.*

FAIENCES, COSTUMES

BRONZES ET OBJETS DIVERS

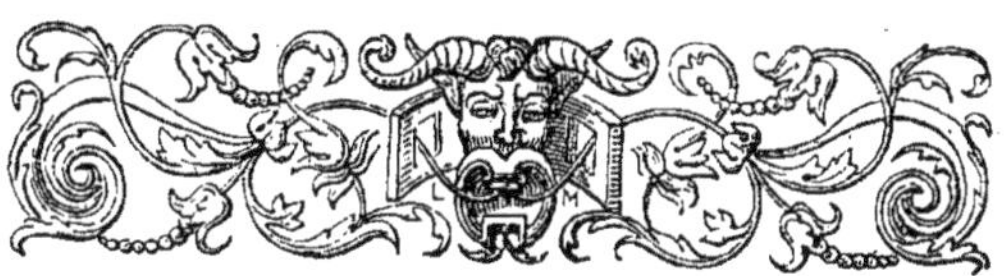

DÉSIGNATION

---

272 — *Un Carreau et un autre forme croix
à reflets métalliques.*

273 — *Quarante Carreaux et fragments types anciens de la Perse.*

274 — *Neuf Carreaux et fragments faïence
persane ancienne fond jaune.*

275 — *Un Carreau formant bordure.*
Ancienne décoration persane, fond vert.

276 — *Quatre Morceaux.*

Terre cuite persane. Refouillés.

277 — *Un fragment d'ancienne corniche persane.*

Fond bleu turquoise.

278 — *Deux grandes plaques faïence persane avec caractères.*

279 — *Une Aiguière turque avec plateau fond noir.*

280 — *Un Vase bleu pâle persan.*

281 — *Deux Vases jaune et gros bleu.*

282 — *Une Jardinière calotte persane fond gros bleu.*

283 — *Un Chandelier.*

Faïence persane.

284 — *Un Cornet à fleurs.*

Faïence persane.

285 — *Trois Caisses à fleurs.*

Faïence persane, monture en bois.

286 — *Trois Lampes faïence.*

Caractères arabes.

287 — *Une Bouteille sassanide.*

288 — *Deux Fonds d'aiguières.*

Faïence persane.

289 — *Deux Chandeliers.*

Faïence émaillée persane.

290 — *Une Paire bottes cuir rouge, broderies argent.*

Égypte, 1845.

291 — *Une Paire bottes de femme.*

Cuir jaune uni.

292 — Une Paire pantoufles.

Cuir rouge, broderies or et argent.

293 — Une Paire sandales égyptiennes.

294 — Trois Paires babouches de femme.

Jaunes.

295 — Cinq Paires babouches femme, dont quatre brodées.

296 — Une Ceinture.

Brodée soie jaune.

297 — Une Ceinture kaschmir.

298 — Une Ceinture soie rouge, rayures multicolores et or.

299 — Une Ceinture de femme soie bleue.

300 — Deux Bonnets persans broderies sur étoffe.

301 — Deux Calottes persanes.

3o2 — Un Miroir turc.

3o3 — Un Morceau étoffe.

Exécuté à l'occasion de la présentation du premier
ambassadeur hollandais à Siam.

3o4 — Un Sac d'écolier.

Brodé or sur soie.

3o5 — Un Morceau d'étoffes à fleurs.

3o6 — Un Tari persan.

Vètement d'homme, soie rouge à rayures noir, et
jaune.

*3o7 — Une Tunique drap rouge, orne-
ments en soutache.*

3o8 — Un Tari persan.

Soie violette à rayures.

3o9 — Un Tari persan.

En soie grenat clair à rayures blanches.

310 — Un Caftan d'imam.

En drap jaune à revers de satin vert.

311 — Une Veste turque.

Soie grenat clair à rayures blanches.

312 — Un Morceau étoffe.

Rayures soie orange.

313 — Une Robe kurde.

314 — Un Vêtement kurde.

Rouge à rayures et ornements jaunes et noirs.

315 — Un Vêtement kurde.

Noir à rayures jaunes et blanches.

316 — Un Caftan.

En soie olive.

317 — Un Vêtement du Turkestan.

Étoffe laine à rayures.

318 — Un Manteau persan.

Étoffe de soie fond blanc à broderies de soie multicolores.

319 — Une Robe de femme fellah Egypte.

Fond bleu.

320 — Costume turc.

Un pantalon,
Une veste,
Un gilet,
Une paire de guêtres,
En drap gros bleu, ornements noirs.

321 — Un Costume turc en étoffe blanche.

*322 — Un Pantalon de femme en velours
noir.*

323 — Un Miroir persan.

324 — Une Couverture persane.

325 — Deux Narghilés et leurs tuyaux.

326 — Un Vase.

Vieux bronze japon.

327 — Un Flambeau.

Vieil arabe.

328 — Une Bouteille.

Vieux turc.

329 — Une Boîte.

Vieux persan.

330 — Une Boîte.

Vieux persan.

331 — Une Coupe.

Vieux persan.

332 — Une Sébille.

Vieux persan.

333 — Deux Brûle-parfums.

Vieux persan.

334 — Un Pot à tabac.

Vieux persan.

335 — Trois Jardinières.

Vieux persan.

336 — Une Gibecière arabe.

*337 — Sous ce numéro, objets divers, pièces
de costumes, etc.*